AF189701

yall klingt so schön in Montreal .....
die Nachtigall singt schön yall .....

Malbuch und Märchenbuch
.....

presentele

von Peter Oberfrank – Hunziker

Impressum:

Bibliografische Information der Deutschen
Nationalbibliothek: Die Deutsche
Nationalbibliothek verzeichnet diese Publikation in
der Deutschen Nationalbibliografie; detaillierte
bibliografische Daten sind im Internet über
www.dnb.de abrufbar.

© 2020 Peter Oberfrank – Hunziker
Herstellung und Verlag
BoD - Books on Demand, Norderstedt

ISBN 9783751908733

Dieses Buch „yall klingt so schön in Montreal ….. die Nachtigall singt schön yall ….. Malbuch und Märchenbuch ….. presentele" ist ein Buch von vielen Büchern und alle Bücher sind wichtig und ganz schön für mich ist mein „Hippie Märchenbuch" und schönes erinnern ist wichtig ….. schön grinsen und sich umarmen und bei der weißen Kirche beim Baum Lirche schöne Große Liebe Hochzeit Peter und Michelle und familiär mit Kindern sein und Blumenmärchenfest und nett mit der Familie sein beim schönen Blumenfeld Lilie und ewige schöne heiraten feiern und treu sein im Herzen und einzigartig feiern und schön bei der Kirche Heu ….. schön wohnen in bunten Häusern und das Kartenspiel Quartett schön nett spielen und tanzen bei den Blumen Lilien und Sport machen mit lachen und gerne auch die NHL hall of fame (= NHL Ehrungenhalle) besuchen mit meinen und den familiären NHL Trophäen mit „NHL Stanley Cup Trophy for Peter and Michelle from New York Rangers team and Montreal Canadiens team and all NHL" und „NHL trophy golden for Peter and Michelle and Peter Oberfrank – Hunziker as weddyd ehemann and ever team captain New York Rangers and all NHL teams and ever NHL player and celebrating" und „NHL mickey mouse trophy for Peter Oberfrank – Hunziker and my family Hunziker" und mit NHL presentelen (= schöne Geschenke) wie Enzian aus Stahl mit schönfarbig blau und goldglänzende Holztruhe …. und schön ewig in der NHL hall of fame gut feiern und tanzen und glücklich beim Sport sein und kunstvoll sein und freudig in der Natur sein und herzlich lachen …..

Spaßvoll tanzen mit der Familie im Tanzraum cilie und schön wandern zum Seerosenweiher Lilie …. die Nachtigallen singen schön quitsch quitsch und hoho und hihi und yall yall und schön blühen die Blumen überall …. in Montreal ist auch Indianerland luen und Hippieland und yall klingt so schön in Montreal und ich erinnerne mich gerne an gemeinsames schönes wundervolles schönes athletisches Eishockeyspielen ala nl und schönes feiern mit den „nl AAHL Stanley Cup Trophies with naming for Montreal Canadiens and all NHL and for Peter, Elke, Miri, Tiri, Liri, Amelie, Linea, Michelle, Aurora, Anna, Michaela, Leila, Lindsey, Alice, Isabel, Elisabeth, Isabelo, Elisabetha, Rolf, Irmgard, Karin, Michelor, Michelar, Opa, Oma, ET family" und in Boston in Amerika ist schönes feiern bei bunten Wiesen und Geschenken wie Holztruhen bei den schönen Tieren Bienen bei Bienenwaben und auch den schönen Tieren Küchenschaben bei den Schabenwaben und beim Wassergeysirebrunnen und dort schön spielen mit den indianischen Runen ….

Im Indianerland luen und city luen und in Afrika fliegen die Nachtigallen schön und sie singen schön yall yall und schön ist das Wandern zum Wasserfall und zuhause sein ist fein und gemütlich …..

Dieses Buch ist ein herzliches Buch und Malbuch zum selber kreativ sein und auch zum schön lesen und schreiben und zeichnen und malen und zum sich Erinnern und auch ein Märchenbuch und im Zirkuszelt hieß es so schön bei einer indianischen Rede von meiner Tochter Aurora „das Zirkuszelt ist auch ein Märchenzelt" und ich erinnere mich gerne an den Turnkurs im Rosenhaus und den Yogakurs im Tulpenhaus und an Buchitagi weltweit und schön mit den Blumen feiern und Gras gehen und Moos sanft gehen ….. Schön feiern ist auch beim Holz und zu sehen wie sich der Holzwurm einen schönen Baumnadelnturm baut und sich das Wasser ganz klein zu einen kleinen Teich staut ….. und dann freut sich sehr meine Ehebraut und wir feiern gerne in der Kirche mit den Vögeln Geiern …..

Ewigi Heiratsfeste in der weißen Kirche überall und einzigartig ist schön im Herzen …. und als Geschenke schöne Weihnachtskerzen …..

In Chicago ist das indianische Wandern sehr schön und dort sind auch viele bunte Blumen und Almhütten mit wunderschönen Schigebieten und 1 schönes NHL Eishockeystadion „wanderungo" und ein wundervoller See mit bunten Seerosen und schön ist es in der Musikkonzerthalle zu musiziieren mit Flöten und Tröten.

Gutes farbenfrohes wandern ins Indianerland flandern und es ist schön im Sommer dort viele Hirschen zu treffen und Kirschen zu essen und Wasser zu trinken und hören wie die Storchen schön pfeifen jitsch jitsch und alle Vögel fliegen schön in der Luft und ganz fein ist der Honigduft .....

Ewige Treue im Herzen ist schön.
Einzigartigkeit ist schön.

Im Zirkuszelt ist es für mich Peter und Michelle und unsere Familie ewig schön zu heiraten und ein Farbenfest in der Natur mit kindlichen sein und familiären sein und glücklich sein ist tief und einzigartig schön im Herzen.

Farben sind farbenfroh …..

hippie indiany is gloryfull and funnyfull
being with smiling (= in englischer
Sprache)
glücklich ewig bunt sein und indianisch
sein ist fröhlich Hippie sein mit lachen (=
in deutscher Sprache)

bunt bedeuet eine schöne Farbe und auch
mehrere schöne Farben

Weihnachten ist schön.

Oho Oho Oho hieß es so schön bei einer
glanzvollen Modebekleidungsschau in
Chicago fashion Haus und spaßig war und
ist es bei der Fernsehsendung mit der
„Faschingsmaus" …..

Die Bienen summen schön bei den Blumen
und schön sind die Faschingsfeste
„Bienele" und „Wespyle" und lustig ist
schön suchen und finden auch das
Osternestele mit presentele ….. bei den
Kinderfestelen treffen sich gerne die
Indianerlen und Clownelen und Bienelen
und Wespys und Zauberlen und Feelen …..

Schön lange tanzen und gut sporteln beim
Schispringen auf den Schneeschanzen …..

Weiter und heiter wandern in das schöne
Indianerland luen mit Hippie city und
schön wohnen im Indianerhaus und bei der
Wiese ist spaßig der Mauslauf und der
Hürdenlauf zum Berg hinauf und wieder
hinunter zum See und dort ist schön das
Tanzfest „Fee" …..
Beim Blumenfeld treffe ich gerne papageio
und Igel und ET und viele Tiere und dies
ist schön.

Gut genießen beim Natursee mit
schwimmen und Kanu am Wasser fahren
und surfen und Ball spielen und freudig
müde im Indianerhaus schlafen und
träumen und am nächsten Morgen wieder
gut aufwachen und sich spaßig waschen
bei den Wasserbachen und lachen .....

Eishockey spielen ist ein schönes Spiel und
alles Sport machen ist schön und
anstrengend und kreativ und spaßig und ich
Peter Oberfrank – Hunziker arbeite gerne
auch als einziger Techniker und
Naturarbeiter und der NHL Sport ist für
mich etwas ganz Besonderes mit viel
denken und tun .... ich genieße die
schönen NHL Sportstadien und auch die
wunderschön glänzenden NHL Trophäen
....

In der Herzkirche zu heiraten ist ewig
schön und einfach bei der Familie sein und
treu sein und blumig Hippie sein.

Herzensfreude ist ewig schön und mit
lachen im Herzen

Wonderful being in nature and good doing sport with enjoying (= in englischer Sprache)

Wunderschöne Natur und guten Sport machen und lachen und Natur genießen (= in deutscher Sprache)

Ostern ist bunt.
Sportmode ist schön.
Das Blumenfeld ist bunt.

Die Wiesen sind schön grün.

NHL Sport machen ist lachen und glücklich sein.

Die Ahornbäume und Mammutbäume sind hohe Bäume mit schönen Blättern.

Einzigartig schön ist die Buntheit der Farben in rangeongo und einfach schön mit sich erinnern und glücklich sein
Die Seepferdchen sind mit viel bunten sein und fröhlich lachend und denkend und sich erinnernd und schön sind die indianischen

sommerlichen Sandalenfeste und
Strohhutfeste mit schönen sportlich
bekleideten wandern gehen und abends
dann ein wunderbares Harvenmusikkonzert
und Tanzmusikkonzert vom Musiker Karl
Dall beim schönen Wasserfall in Chicago
….. und in Chicago sagt der Santa Clause
mit spaßigen lachen zur Weihnachtszeit
hogohogo und auch die Uhrzeit und mit
schönen Geschenkelen schön gehen zu den
Blumen Nelkelen und schön herzlich
tanzen und weihnachtlich schispringen
gehen bei den Schisprungschanzen im
glänzenden Zauberwald und dort ist auch
der Zauberer Karl Dall beim gefrorenen
Wasserfall und Didi Hallervorden erzählt
als Weihnachtsfeezauberer schöne
Märchen und dann freudig strahlend im
Chicago Märchenhaus liest spaßig Santa
Clause aus dem Märchenbuch Bäume und
Märchenbuch Stauden und zeigt schön das
Märchenbuch Weihnachten und bei der
Küche Tanne kocht Santa Clause schön
Nudeln mit Reis und Gewürzen und gießt
reines Wasser in die Gläser und zusammen
essen wir dann als Familie im schönen

Weihnachtszimmer das weihnachtliche
Essen und trinken das gute Wasser und
reden und schauen zum schönen
Glanzglimmer im Weihnachtswald und
tanzen schön weihnachtlich bis zum
Morgentauen und genießen auch den
weihnachtlichen Schlaf und schön und
fröhlich weckt uns dann das
weihnachtliche dekorierte Schaf .... die
Glocken klingen und beim Frühstück hören
wir schön die Nachtigallen singen .....

Schön bunt ist die italienische Phase und
schön sportlich läuft der Hase zur
Blumenvase und lacht schön faschinglich
mit einer Clownnase ..... und Indianer sein
ist fröhlich sein und zusammen feiern
macht Spaß und gemeinsam lachen und
Sport machen und glücklich sein und
singen .....

yall   yall

Happy time ist glücklich sein und im
Herzen sein .... Einzigartigkeit und
Buntheit ist natürlich schön ..... herzlich

13